8. Szene Das Orgelfest

(neue revidierte Fassung 2007)

Rondino für einen Solosprecher)*

Der Beginn des Rondinos wächst aus der Rhythmik des vorangegangenen musikalischen Materials und fügt sich am Ende in das rhythmische Material des instrumentalen Epilogs der Oper.

Solosprecher: *Rhythmus A*

Es ist, als müßte hier einer das Sprechen erst erlernen.
Sein Reden ist dunkel und zerhackt.

To …

Pause.

To …

Pause.

Togg.

Lange Pause.

Ai!

Pause.

Ai!

Pause.

Ram Ai …

Pause.

Airam.

Pause.

Togg airam.

Pause.

Arm.

Pause.

Eloh.

Pause.

El.

Beth

Lange Pause.

Las.

Pause.

Beth.

Pause.

Las.

Pause.

El.

Sebe.

*) Der Solosprecher ist ein Teil des Orchesters, keine Bühnenfigur, sondern quasi ein Instrument. Im Vordergrund steht nicht schauspielerisches Agieren, sondern Ausdruck der Stimme und Gestaltung des Sprechmaterials.

Pause.

Beth.

Els.

Seine Stimme spricht plötzlich klar.

Mein Bruder.

Pause.

Leiser …

Pause.

Gehe …

Leiser gehe …

Pause.

Dein …

Pause.

Leiser gehe dein Name.

Mein Bruder.

Melos A

Im plötzlichen Plauderton.

Hier habe ich gelebt. Gehaust unter euch Seelentieren. Eine Wohnstatt habt ihr mir gegeben. In euren Siedlungen war Wolfswärme. Reden habt ihr mich gelehrt. Ein Sprechen wie Kriegessprache.

Pause.

Ai.

Pause. Leise.

Leiser gehe dein Name.

Dein Reich sterbe.

Dein Wille vergehe.

Mit einem gewaltigen Aufschrei.

Mein Bruder !!!

Lange Pause. Sehr ruhig.

Das ist die Geschichte des Musikers Johannes Elias Alder, der zweiundzwanzigjährig sein Leben zu Tode brachte, nachdem er beschlossen hatte, nicht mehr zu schlafen. *Ohne Pause fort.* Gehaust unter euch Seelentieren. Da ich an euren Häusern vorbeiging, vernahm ich den Geruch eurer Namen und unterschied.

Er wird immer leiser und schneller, sodaß man schließlich kein Wort mehr versteht.

Ich kehre nicht mehr zurück. Mein Haus im Wald in der Lichtung Darb ist verkauft. Einer versiegelt die Fenster.

Accelerando.

Einer wälzt Kisten zur Tür und sagt: Deine Gedanken sind schwer.

Mit unglaublicher Redeschnelligkeit.

An den Wänden vereinzelt die Ränder gebleichter Träume. Ich kenne die Dolden der Tannen im Schlaf noch.

Wie im Gebet.

Mein Bruder, der du bist im Himmel der Erde.
Leiser gehe dein Name.
Dein Reich vergehe.
Unseren täglichen Schmerz laß uns heute.

Sehr zart.

Elsbeth.

Pause.

Elsbeth.

Pause. Eine Liebeserklärung.

Vielsprecherin, dunkelstimmige.
Nordöstliche.
Tu jetzt kein Wunder.
Keins.
Elsbeth.

Mit unaufhörlicher Steigerung in Tempo und Lautstärke, jedoch mit frei wählbaren retardierenden Momenten.

Auf der Johanneshöhe, in jener Nacht, da plötzlich der Mond über die Erde stürzte, seitlich, die riesige Scheibe. Hier meine Hand, Elsbeth. Ohnmächtig bin ich vor Liebe, ausgezehrt. Nimm meine Hand. Laß mich nicht schlafen. Die Hand, hier.

Mit wachsender Verzweiflung.

Dann will ich gehen. Dann will ich schweigen. Nur die Hand, Elsbeth. Nur dieses letzte Mal, Elsbeth. Schlaf, mir. Die Hand.

Rhythmus B

Mit einem Aufschrei.

DIE HAND!!!
GIB SIE MIR JETZT!!! ELSBETH!!! DIE HAND!!!
DIE HAND!!!
GIB MIR DIE HAND!!!
DIE HAND!!!
JETZT!!!
GIB MIR JETZT DEINE HAND!!!
DEINE HAND!!!
SCHLAF!!!
DIE HAND!!!

In größter Verzweiflung.

TOGG!!!

Schweigen. Leise.

Warum bleibe ich das Halbe?

Pause.

Die Hand. Gib mir die Hand. Elsbeth, die Hand.

Sehr leise und zart.

Elsbeth. Die Hand. Jetzt. Schlaf.

Im Rhytmus des Beginns.

To …

Pause.

To …

Pause.

Togg.

Lange Pause.

Ai!

Pause.

Ai!

Pause.

Ram Ai …

Pause.

Airam.

Jäh aufschreiend.

MEIN … !!!

Pause.

BRUDER, MEIN … !!!

Pause.

BRUDER!!!

Lange Pause.

DU!!!

Pause.

DER DU!!!

Pause.

DU!!!

Pause.

DU!!!

Pause.

BIST DU!!!

Pause.

MEIN!!!

Pause.

BRUDER!!!

Pause.

MEIN BRUDER!!!

DU BIST!!!

Melos B

Lange Pause. Dann sehr ruhig.

Dein Reich sterbe.
Dein Wille vergehe.
Unseren täglichen Schmerz …

Ohne Pause fort!

Rhythmus C

Die Worte in Versalien sind laut, mit gequält gepreßter Stimme zu sprechen. Dann ist jeweils im ruhigen Erzählton fortzufahren.

KOMM!!
Es ist gut, ungehört zu bleiben.
KOMM!!
... schlafen …
O TOD DU!!
… ungehört …
DU!!
… Hier habe ich gelebt. Gehaust unter euch Seelentieren …
SCHLAFES!! ..
… In euren Siedlungen war Wolfswärme …
BRUDER!!
… Als ich erwacht bin, roch ich nach Schnee.
KOMM UND FÜHRE!!
… Reden habt ihr mich gelehrt. Ein Sprechen wie Kriegessprache …
MICH!!
… ungehört bleiben …
MICH!!
… schlafen …
NUR!!
… ohne Hoffnung sterben …
FORT!!
… berühre mich nicht mehr …
MICH!!
... Herzelsbeth ...
FORT!!

Zart.

Herzelsbeth.

Pause.

Melos C

In resignativem Ton, immer leiser werdend. Am Ende undeutlich und unhörbar, gewissermaßen wie ein fade-out. [Dies kann durch eine technische Verfremdung der Sprechstimme erzeugt werden, indem sie gewissermaßen im Rauschen versiegt.]

Er rührt Tote an im sausenden Dunkel, lehrt ihren Händen Berührung. Das kann sie nicht? Dem Herzblinden gibt er sein Sinnlicht. Daß er schreit im gleißenden Erkennen. Denen der Schmerz den Bauch frißt, leiht er noch größere Verzweiflung. Das kann sie nicht?

Pause.

Und ich gehe und komme nicht mehr wieder. Die Hand. Gib sie mir. Gib mir die Hand. Jetzt. Gib sie mir. Die Hand! Elsbeth! Ich gehe zu Ende! Die Hand! Jetzt! Gib mir die Hand! Du mußt mir die Hand geben! Du mußt sie mir geben! Ich will Schlaf! Dann schweige ich! Gib mir die Hand! Gib sie mir jetzt! Jetzt! Ich gehe zu Ende! Elsbeth, nur die Hand! Das letzte Mal! Elsbeth! Die Hand! Jetzt! Gib mir die Hand! Du mußt mir die Hand geben! Du mußt sie mir geben! Ich will Schlaf! Nur dieses letzte Mal, Elsbeth. Mir. Die Hand. Gib sie mir. Gib mir die Hand. Jetzt. Gib sie mir. Die Hand! Elsbeth! Mir! Die Hand! Mir! Elsbeth, mir! Die Hand, Elsbeth! Schlaf! Die Hand! Jetzt! Die Hand!

Pause.

Keinem wirst du dich erklären. Keiner wird dir weissagen. Nur deine Stimme wird sein. Die Älteste. Vielleicht, daß du den Stern nie erreichst. Aber greifen wirst du nach ihm.

Pause.

Wer hat das Leben mit dem Tod … Deine Hand! … Die kleinen … Das … Deine Hand. Die … Ich … Als … Die Hand. Gib! … Gib mir die Hand! Jetzt! Gib sie mir! Die Hand! … Ich gehe … Die Hand! Jetzt! … Mir die Hand! Du mußt! … Schlaf! … Schweigen. Die Hand! Gib … Jetzt! Ich! … Ende! Elsbeth! … Hand! Das Letzte! … Elsbeth! Die Hand! Jetzt! Gib mir! … Du mußt! … Will Schlaf! … Elsbeth. Mir. Die Hand. Gib! … Jetzt! … Sie mir! Die Hand! Elsbeth! Mir! … Hand! Mir! Elsbeth … Hand! Elsbeth! Schlaf! Die … Jetzt! … Hand! …

Epilog (Magnificat)

Elsbeth, Elias,
Schlafes Bruder: Eloh. Bethtied. Mauktied. El.
Tied Mara. Eloh Av.
Maukav. Beth. Maukavtied.
Mar.
Elav. Mauka. A.
Ohtied. Bethav. Bethava.
Elmaukoh. Bethel. Tied.
Bethoh. Bethmauktied. Maukavoh.
Bethbeth.
Maukel. Ohtied. Ohmaukav.
Bethbethmauk. Elmaukav.
Elbethel.
Bethmaukav.
Ohbeth.
Ohel. Ohelbethel. Ohbethel.
Ohbethtied. Maukohel.
Maukbethtied. Maukbethtied. Maukohel.
Bethelmauk.
Mar. Avtiedmar. Avtied. Maukavoh.
Bethmar. Avtiedav. Avtieda.

Herbert Willi

Schlafes Bruder

Libretto
von Robert Schneider
in Zusammenarbeit mit Herbert Willi
(1994/95)

Libretto

SCHOTT

Mainz · London · Madrid · New York · Paris · Tokyo · Toronto

Die Oper „Schlafes Bruder“
basiert auf Motiven des gleichnamigen Romans von
Robert Schneider.
Reclam Verlag Leipzig, 1992.
Robert Schneider 1995.

BN 3957-80

Printed in Germany · BSS 48 463
ISBN 3-7957-3957-8

für Rosemarie und Horst Benger

Auftragswerk des Opernhauses Zürich
zum Jubiläum „1000 Jahre Österreich“

Uraufführung:
28. April 1996 in Zürich
Orchester der Oper Zürich
Inszenierung: Cesare Lievi
Bühnenbild: Erich Wonder
Kostüme: Florence von Gerkam
Musikalische Leitung: Manfred Honeck

Personen

Eliaskind	Knabensopran
Elias	Tenor
Seff, dessen Vater	Contratenor
Seffin, dessen Mutter	Alt
Elsbeth	Sopran
Lukas, deren Verlobter	Bariton
Peter	tiefer Baß
Haintzin	Koloratursopran
Corvinius, ein Prediger	Tenor
Kurat	Baß
Schlafes Bruder[1]	Chor, unsichtbar
Chor der Dörfler (3S, 3A, 3T, 3B)	Chor, sichtbar
1. Dörfler [2]	Mezzosopran
2. Dörfler	Tenor
3. Dörfler	Bariton
4. Dörfler	tiefer Baß
Ein virtuoser Sprecher	

Im unversöhnten Gebirg.
Im unversöhnten Dorf, wo Elias lebt.

1) Haintzin/Elsbeth/Seffin/Seff/Corvinius/Lukas/Kurat/Peter.

2) können in kleineren Häusern aus „Chor der Dörfler“ besetzt werden. Dieser setzt sich zusammen aus:

3 S (1. auch 1. Dörfler)
3 A
2 T (1. auch 2. Dörfler)
1 Bar (auch 3. Dörfler)
2 B
1 t. B (auch 4. Dörfler)

1. Szene

Mystischer Morgen.
Der Stein, die Fußsohle Gottes.

Eliaskind: *steht nackt auf dem Stein und blickt in den Himmel.*
Himmelgott.
Wo leuchtet wie's Kirchenfenster.
Rauscht wie Orgelpfeifen.
Schmeckt wie Frau Mutters Haar.
Weiße Händ' hat wie der Kurat.
Gib eine Antwort.
Himmelgott, wo leuchtet wie's Kirchenfenster.
Gib eine Antwort.
Es macht die Luft einen Rumor.
Und die Schneeflocken singen nicht schön.

Schlafes Bruder: *unsichtbar;*
Und die Schneeflocken singen.
Schneeflocken singen.
Schneeflocken.
Mir ist der Kopf...

Eliaskind: Mir ist der Kopf...

Schlafes Bruder: ... wie nasses Brot.

Eliaskind: Gib Antwort.
Mir fällt die Kerze um in der Seele.

Schlafes Bruder: Mir fällt die Kerze um.

Eliaskind: *fällt zu Boden.*
Red' nicht so!

Schlafes Bruder: Red' nicht!

Eliaskind: *in großer Verzweiflung.*
Jetzt geht mir das Herz aus.
Das nackte Eliaskind häutet sich und wird zum erwachsenen Mann.

Elias: Wälder, Lüfte, Berge!
Ihr!
Warum bin ich das Halbe?

Schlafes Bruder: Warum bin ich?
Warum?!
Bin ich das Halbe?

Elias: Warum spricht der Gott meiner Kirchenfenster nicht?

Elias,
Schlafes Bruder: Hat er kein Wort mehr?
Kein Aug'?
Ohr nicht, Mund?

Schlafes Bruder: Togg ...
Es wird Nacht.

2. Szene

Nacht.
Enge Kammer des Elias.
Elias liegt krank im Bett. Seff, die Seffin, der Kurat und die Dörfler starren auf ihn, bemühen sich um Heilung.

Elias: Togg. Airam! Mauk! Tho, Ai! ... *etc.*

Seff: Der Bub.

Dörfler: Der Bub.

Seff: Mit seiner Sprach'?

Dörfler: Das Röhren des Hirsches.

1. Dörfler
(Elsbeth): Wie zur Laubzeit.
Airam. Togg. Bock. Aloe. Same?! ...*etc.*

Dörfler: Der Schnauf des Föhnwinds.

3. Dörfler (Lukas): Wie im Totenmonat.
Airam ... *etc.*

(wie 1. Dörfler).

Dörfler: Lärm aus Hölle.

4. Dörfler (Peter): Wie am jüngsten Tag.
Airam ... *etc.*

Dörfler: Stimm' des Untiers.

2. Dörfler (Corvinius): Größer als die Sonn'.
Airam ... *etc.*

(Wie 1. Dörfler.)

Dörfler: Muß er sterben. Tot mit ihm. Thanatos!

Seffin: Die Sprach.

Dörfler: Die Sprach?

Seffin: Das Donnern des Monds.

Haintzin: 's Grindfieber.

Elias: Togg. Airam!!

Kurat: Er tut das Gcbet rückwärts.
Erniedrigt die Bloßen.
Erhebt die Gewaltigen.
Läßt die Reichen voll.
Läßt Abrahams Same vertrocknen.
Ave Maria.

4. Dörfler: Eva Airam. Eva Airam.
Etc.

Kurat: Ave Maria.

3. Dörfler:	Eva Airam. Eva Airam. *Etc.*
Kurat:	Ave Maria.
2. Dörfler:	Eva Airam. Eva Airam. *Etc.*
Kurat:	Von der einen zur andern Ewigkeit.
Seff:	Der Bub. Arm.
Dörfler:	Arm!
Seffin:	Die Augen?!
Dörfler:	Arm.
Haintzin:	Kann's machen. Birkenrind'.
Dörfler:	Weißtannenrind'?
Kurat:	Ave Maria.
Seffin:	Eva Airam. Eva Airam. *Etc.*
Seff:	Eva Airam. Eva Airam. *Etc.*
Dörfler:	Milch von der Gekalbten.
Kurat:	Nie!
Haintzin:	Seidelbast.
Seffin:	Schmerwurz!
Haintzin:	Türkenbund!
Dörfler:	Tannenrind!
Kurat:	Nie!

Haintzin: Birkenrind.

Kurat: Psalter, fünf!

Dörfler: Nie!

Kurat: Ave Maria.

Dörfler: Arm.

Seffin: Der Bub.

Dörfler: Arm.

Seff: Ihm stirbt's Augenlicht.

Dörfler: Arm. Der Bub!

Haintzin: Löwenzahn!

Dörfler: Der Löwenzahnbub!

Seff: Der Bub.

Kurat: Abrahams Bub?

Dörfler: Tot mit ihm!

Seffin: Den Grind verschneiden!
Mauktied! Mauk!? Jaspis.
Thanatos! . . . *etc.*

Dörfler: Eva Airam!

Haintzin: Das Herz ausschneiden!
Mauktied! Mauk!? Jaspis.
Thanatos! . . . *etc.*
(Wie Seffin).

Dörfler: Seine Stimm', löscht aus!

Kurat: Die Lung' verbrennen!
Mauktied! Mauk!? Jaspis.
Thanatos! ... *etc.*

(Wie Seffin).
Dörfler: Daß er untergeht! Thanatos!
Bringt zu Tod!

2., 3., 4. Dörfler,
Seff: Thanatos! Thanatos ...!

Seff: Die Seel' vergessen!

Dörfler: Thanatos!
Sie stürzen alle auf den Elias und wollen ihn erwürgen. Elias stößt einen gewaltigen Schrei aus.

Elias: Himmelgott!
Die Anwesenden stürzen heulend aus der Kammer hinaus.

Dörfler: Thanatos ...

3. Szene (Magnificat)

Ort der vorigen Szene.
Elsbeth bleibt in der Kammer zurück.
Sie tritt an Elias' Lager.

Elsbeth, Elias,
Schlafes Bruder: Eloh. Bethtied. Mauktied. El.
Tied Mara. Eloh Av.
Maukav. Beth. Maukavtied.
Mar.
Elav. Mauka. A.
Ohtied. Bethav. Bethava.
Elmaukoh. Bethel. Tied.
Bethoh. Bethmauktied. Maukavoh.
Bethbeth.
Maukel. Ohtied. Ohmaukav.
Bethbethmauk. Elmaukav.
Elbethel.
Bethmaukav.

Ohbeth.
Ohel. Ohelbethel. Ohbethel.
Ohbethtied. Maukohel.
Maukbethtied. Maukbethtied. Maukohel.
Bethelmauk.
Mar. Avtiedmar. Avtied. Maukavoh.
Bethmar. Avtiedav. Avtieda.

Er Herzgott.
Auf mein'Lieb! Mein' Lieb.
Auf Lieb'! Mein lieb' Gott.
Herz mein' lieb. Herz auf Gott.
Er Herz auf (selbst).
Herz auf, mein lieb' Gott.
Herz auf mein', hebt Lieb'.
Herz auf hebt Lieb'. Herz mein' auf! Hebt Lieb'.
Er auf Lieb'. Mein Herz. Lieb' er!
Herz auf!
Lieb' Gott!
Gott (selbst).
Lieb' Gott selbst.
Elias geht ab, beobachtet jedoch die folgende Szene.
Lukas tritt auf.

4. Szene

Ort der vorigen Szene.

Lukas: Elsbeth!

Elsbeth: *auf Elias zeigend;*
Er ist so ein Fernmensch. Nie nah.

Lukas: Ich, ich!

Elsbeth: Und hat kein Fleisch.

Lukas: Ich, ich!
Er umarmt sie, küßt sie. Sie fallen über sich.

Elsbeth, Lukas: Heil'ges Frauentier!
Mannverspritzt!
Vergift'! Vergift'!
Gras bin ich, du die Sichel!
Schwert bin ich, du die Sichel!
Heil'ges Frauentier.
Nacht bin ich, du der Tau.
Gib den Tag, Elsbeth!
Gib die Nacht, Lukas!
Mannverspritzt!
Sonne. Mutterfrauenhand!
Die Milch! Verdurst ich nie.
Mutterfrauenherz.
Hundsgemächt'!
Weiberöhr!
Lukas!
Elsbeth!
Fernweib. Fernweib.
Fernmenschtier!!
Ferntier!!
Fernmensch!!
Ferntier!!
Elsbeth!!
Lukas!!
Beide ab.

5. Szene

Kammer von unzähligen Kerzen erhellt. Überall Marienfiguren aus Gips und Holz. Nacht. Elias betet zur Muttergottes.

Elias: Wenn ich rede, bist du Elsbeth.
Strafe mich dafür.

Schlafes Bruder: Laß mich dein Gebirg seh'n!

Elias: Sie sagen, du seist nicht mehr.

Schlafes Bruder: Laß mich dein Gebirg!

Elias: Wenn ich schlafe, bist du Elsbeth.
Mach' mich sterben.
Kein Weib hat dein Gesicht.
Deine Wange ist die Sonn'.
Sie sagen:
Das Gesicht der Großen Mutter ist ein Gebirg.

Schlafes Bruder: Dein Gebirg.

Elias: Sie glauben: Es hat vertrocknete Augen.
Sie lügen.
Wir weinen noch immer.

Schlafes Bruder: Gebirg. Ge(h).

Dörfler: Laß mich dein Gebirg seh'n!

Elias: Laß mich dein Gebirg!

Dörfler: Dein Gebirg ...!

6. Szene

Elias zertrümmert seine Marienfiguren.

Elias: Ai!
Corvinius tritt auf und spricht zu den Dörflern.

Corvinius: Weil eure Lieb' ein Luft ist.
Nicht ein Gedanke lang.
Seht mich an!
Kleinmenschen!

Schlafes Bruder: Wer schläft, liebt nicht.

Corvinius: Weil eure Lieb' ein Luft ist.

Schlafes Bruder: Wer schläft, liebt nicht.

Corvinius: Weil euer Herz faul' Fleisch ist.
Nicht Blut, nicht rotroh.
Seht mich an!
Gottmenschen!
Wer liebt, schläft nicht.

Schlafes Bruder: Wer liebt, schläft nicht.

Elias: Wer liebt, schläft nicht.
Alle ab, mit Ausnahme von Elias und Peter.

7. Szene

Der Stein, die Fußsohle Gottes.

Elias: Die Hände singen.
Mein Ohr lacht, der Mund,
bespringt deinen Namen.
Elsbeth!

Peter: Laß uns von hier weggeh'n.
Die Dorfmänner.
Die Neidmänner.

Elias: Die Füß' tönen.
Mein Geschlecht zündet Lichter an.
Elsbeth.
Wache, wache!

Schlafes Bruder: Wer liebt, schläft nicht.

Peter: Im Samt mußt du gehen.
Aus geschliffenen Gläsern trinken.
Das Brot mit silbernem Messer zerteilen.
Schlafe!

Elias: Wie lang dauert die Liebe?
Überlebt sie unsern Gott?
Wache!

Peter:	Ich bin das Gesicht. Ein Herr befahl, dich zu lieben. Wirf weg die Unruh deines Munds. Vergiß das Menschgesprochne. Schlafe, wache nicht.
Elias:	Auf mein' Lieb'! Auf, lieb' Herzbeth.
Peter:	Mein Herz ist ein leerer Stall. Mein Leib ein totes Rind.
Elias:	Auf Lieb'! Mein lieb' Gott.
Peter:	Himmelgott!
Schlafes Bruder:	Mir ist der Kopf...
Peter:	Mir ist der Kopf...
Schlafes Bruder:	... wie nasses Brot.
Peter:	... Gib Antwort! Bin ich ein Halbmensch?
Elias:	Herz auf, hebt Lieb'.
Peter:	Gib ihm den Schlaf. Den Nabelschlaf.
Elias:	Wache, wache!
Peter:	Die Wolken sind Maibänder. Blau und rot und gelb. Der Bach ist süß. Der Schnee auf dem Gebirg eine verschüttet' Milch. Schlafe, schlafe!
Elias:	Auf Lieb'! Mein' Lieb'!

Peter: Und der Herr steht auf aus dem Grab.
Und es hat einen Osterregen.
Und die Soldaten schlafen unterm Sonnenstern.
Geh nicht!

Elias: Was ist größer?
Die Lieb'? Die Unlieb'?

Peter: Geh nicht!
Dort ist Vergessen.
Wache nicht!

Elias: Auf, mein' Lieb'!
Auf Lieb'.

Peter: Die Bündten haben grüne Schürzen.
Sieh!
Der Frühling macht das Kreuz vergessen.
Sieh!
Die Eschen lärmen.
Die Vögel beten.
Du Unwort Elias!

Elias: Und Elsbeth ruht unterm Sonnenstern.

Schlafes Bruder: Wer liebt, schläft nicht.

Peter: Unwort!

Elias: Was dauert?
Die Lieb'?
Die Unlieb'?
Elias stirbt.

8. Szene Das Orgelfest

Kantante für einen Solosprecher

(Der Solosprecher ist zu denken als Teil des Orchesters, obwohl er auf der Bühne sichtbar wird. Im Vordergrund steht nicht schauspielerisches Agieren, sondern Ausdruck der Stimme und Gestaltung des Sprechmaterials.)

Solosprecher: *Es ist, als müßte hier einer das Sprechen erst erlernen. Das Sprechen ist ein gewaltiger Aufschrei, und der Aufschrei ist Verzweiflung.*

MEIN...!!!

Pause.

BRUDER, MEIN...!!!

Pause.

BRUDER!!!

Lange Pause.

DU!!!

Pause.

DER DU!!!

Pause.

DU!!!

Pause.

BIST DU!!!

Pause.

MEIN!!!

Pause.

BRUDER!!!

Pause.

MEIN BRUDER!!!

DU BIST!!!

Lange Pause.

IM!!!

Pause.

HIMMEL!!!

Pause.

DER!!!

Pause.

HIMMEL!!!

DER!!!

Pause.

ERDE!!!

BRUDER!!!

Seine Stimme beruhigt sich (Decrescendo).

EIN-UND-ZWAN-ZIG!!

Pause.

LEISER!!

Pause.

GEHE!!

LEISER GEHE!!

Pause.

Dein!

Pause.

Leiser gehe dein Name.

Ein - und - zwan - zig.

Im plötzlichen Parlierton. Sehr ruhig.

Hier habe ich gelebt. Gehaust unter euch Seelentieren. Eine Wohnstatt habt ihr mir gegeben. In euren Siedlungen war Wolfswärme. Reden habt ihr mich gelehrt. Ein Sprechen wie Kriegessprache.

Pause.

Ai.

Pause. Leise.

Leiser gehe dein Name.

Mit so versöhnlichem Ton.

Dein Reich sterbe.

Dein Wille vergehe.

Mit einem gewaltigen Aufschrei.

(ff)

EINUNDZWANZIG!!!

Lange Pause. Sehr ruhig.

Voici l'histoire du musicien Johannes Elias Alder qui, à l'âge de vingt-deux ans, mit un terme à ses jours après avoir résolu de ne plus dormir. *Ohne Pause fort.* Gehaust unter euch Seelentieren. Als ich an euren Häusern vorbeiging, vernahm ich den Geruch eurer Familien und unterschied.

Er wird immer leiser und schneller, so daß man schließlich kein Wort mehr versteht.

Ich kehre nicht mehr zurück. Mein Haus im Wald in der Lichtung Darb ist verkauft. Einer versiegelt die Fenster.

Accelerando.

Einer wälzt Kisten zur Tür und sagt: Deine Gedanken sind schwer.

Mit unglaublicher Redeschnelligkeit.

An den Wänden vereinzelt die Ränder gebleichter Träume.

Ich kenne die Dolden der Tannen im Schlaf noch.

Mit warmem Ton, wie ein Gebet.

Mein Bruder, der du bist im Himmel der Erde.

Leiser gehe dein Name.

Dein Reich vergehe.

Unseren täglichen Schmerz laß uns heute.

Sehr zart.
Ein - und - zwan - zig.
Pause.
Maudi.
Pause. Eine Liebeserklärung.
Maudi. Vielsprecherin, dunkelstimmige.
Nordöstliche.
Hast du Geld etwas?
Tu jetzt kein Wunder.
Keins.
Maudi.

Erste Arie

Mit unaufhörlicher Steigerung in Tempo und Lautstärke, jedoch mit frei wählbaren retardierenden Momenten.
Auf der Johanneshöhe. In dieser Nacht. Weißt du noch, Maudi. Als wir plötzlich den Mond über die Erde stürzen sahen, seitlich, die riesige Scheibe abrutschen. Hier meine Hand, sagte ich. Wir sind Menschen, nicht nur Mann und Frau. Meine Hand. Du hast sie nicht genommen. Zum ersten Mal. Meine Hand nimmst du nicht. Hier, die Hand. Laß nicht das Unwort zwischen uns. Die Hand, hier. Ich sage ja nichts. Ich sage nichts mehr. Nur die Hand. Gib mir nur die Hand. Und dann gehe ich. Die Hand. Mehr nicht. Nicht die Augen. Und deinen Mund verlange ich nie mehr. Mein Ehrenwort. Nur die Hand, Maudi. Und dann gehe ich. Und rede nicht mehr. Die Hand.
Mit wachsender Verzweiflung.
Ich gehe ja. Und ich werde schweigen. Aber nicht so. So nicht. Die Hand, Maudi. Noch einmal deine kleinen Finger. Nur dieses letzte Mal, Maudi. Mir. Die Hand. Gib sie mir. Und ich gehe, und komme nie mehr wieder. Die Hand. Gib sie mir. Gib mir die Hand. Jetzt. Gib sie mir. Die Hand! Maudi! Und dann gehe ich! Ich gehe wirklich! Das glaubst du mir nicht? Ich gehe wirklich! Wirklich! Gib mir die Hand! Gib sie mir jetzt! Jetzt! Ich gehe zu Ende! Maudi, nur die Hand! Das letzte Mal! Maudi! Die Hand! Nicht den Mund, nicht das Haar! Es ist die Hand! Die kleinen Finger! Maudi, Geliebte! Die Hand! Jetzt! Gib mir die Hand! Du mußt mir die Hand geben! Du mußt sie mir geben! Ich will deine Hand! Dann schweige ich! Gib mir die Hand! Gib sie mir jetzt! Jetzt! Ich gehe zu Ende! Maudi, nur die Hand! Das letzte Mal! Maudi! Die Hand! Nicht den Mund, nicht das Haar! Es ist die Hand! Die kleinen Finger! Maudi, Geliebte! Die Hand! Jetzt! Gib

mir die Hand! Du mußt mir die Hand geben! Du mußt sie mir geben! Ich will deine Hand! Nur dieses letzte Mal, Maudi. Mir. Die Hand. Gib sie mir. Und ich gehe, und komme nie mehr wieder. Die Hand. Gib sie mir. Gib mir die Hand. Jetzt. Gib sie mir. Die Hand! Maudi! Mir! Die Hand! Mir! Maudi, mir! Die Hand, Maudi! Die Hand! Jetzt! Die Hand!

Mit einem Aufschrei.

DIE HAND!!!
GIB SIE MIR JETZT!!! MAUDI!!! DIE HAND!!!
DIE HAND!!!
GIB MIR DIE HAND!!!
MAUDI, DIE HAND!!!
GIB MIR DIE HAND!!!
DIE HAND!!!
JETZT!!!
GIB MIR JEZT DEINE HAND!!!
DEINE HAND!!!
MAUDI!!!
GIB MIR JETZT DEINE HAND!!!
DIE HAND!!!

In größter Verzweiflung.

MAUDI!!!!

Schweigen. Leise.

Ein - und - zwan - zig.

Sehr zart.

Maudi.

Pause.

Die Hand. Gib mir die Hand. Maudi, die Hand.

Sehr leise und zart.

Maudi. Die Hand. Jetzt. Jetzt gibst du sie mir. Ich weiß es. Du gibst sie mir. Jetzt. Die Hand. Die kleinen Finger. *Ohne Pause fort.* Ich kenne die Dolden der Tannen, die Wege der Ahornäste im Schlaf noch. Lauter Langeweile.

Ohne Pause fort. Im Rhythmus des Beginns.
Schreiend.

MEIN…!!!

Pause.

BRUDER, MEIN…!!!

Pause.

BRUDER!!!

Lange Pause.

DU!!!

Pause.
DER DU!!!
Pause.
DU!!!
Pause.
DU!!!
Pause.
BIST DU!!!
Pause.
MEIN!!!
Pause.
BRUDER!!!
Pause.
MEIN BRUDER!!!
DU BIST!!!
Lange Pause.
Zehn verlorne Jahre.
Lange Pause.
Ein - und - zwan - zig.
Lange Pause.
Du Angstengel!
Pause.
Wise.
Pause.
Zehn verlorne.
Sehr ruhig.
Dein Reich sterbe.
Dein Wille vergehe.
Unsern täglichen Schmerz laß uns heute.
Vergib deinem Herzen,
daß auch wir dir vergeben.
Und führe uns auf die Wege der Irre.
Daß wir erlöst werden von deiner Straße.
Mein Bruder.
Pause. Mit einem singenden Ton.
Warum sind wir das Halbe?
Herzelias.
Herzbeth.
Tarre Elioth.
Pause.
Dit is het verhaal van de musicus Johannes Elias Alder, die zizelf op tweeentwintigjarige leeftijd doodde nadat hij eenmaal had besloten niet meer te slapen.

Rezitativ

Er rührt Tote an im sausenden Dunkel.
Und lehrt ihren Händen Berührung.
Das kann sie nicht?
Gibt sie meinem Mund nicht die Dauer von Sternen?
Und träumt ihnen den Welttraum, den engen.
Das kann sie nicht?
Fährte ist sie im vergessenen All meines Worts.
Dem Herzblinden gibt er sein Sinnlicht.
Daß er schreit im gleißenden Erkennen.
Das kann sie nicht?
Hat sie nicht einmal und zweimal den Weg meines
Geschlechts neugeschlagen?
Denen der Schmerz den Bauch frißt, leiht er noch
größre Verzweiflung.
Das kann sie nicht?
Immer hat sie mich getötet.
Gesagt mit liebend kaltem Atem:
Steh auf und geh von mir und komm nicht mehr wie-
der. Maudi.

Zweite Arie

Die Worte in Versalien sind laut, mit gequält gepreßter Stimme zu sprechen. Dann ist jeweils im ruhigen Erzählton fortzufahren.

KOMM!!
Heute ist Schnee gefallen. Mitten im Sommer. Ein
ziemlicher Schnee. Ist das nicht verrückt? Gestern la-
gen...
KOMM!!
... wir noch im Garten,...
O TOD DU!!
... in der prallen Sonne...
DU!!
... Hier habe ich gelebt. Gehaust unter euch Seelentieren...
SCHLAFES!!...
... In euren Siedlungen war Wolfswärme...
BRUDER!!
... Als ich erwacht bin, roch es nach Schnee. Die Luft,
meine ich...

KOMM UND FÜHRE!!
... Reden habt ihr mich gelehrt. Ein Sprechen wie Kriegessprache...
MICH!!
... Am Fenster gelehnt...
MICH!!
... und wieder die Bäume gezählt.
NUR!!
... Ich weiße, daß ihre Zahl kein Geheimnis birgt...
FORT!!
... Ich kenne die Dolden der Tannen...
MICH!!
... Lauter Langeweile...
FORT!!
Zart.
Ein - und - zwan - zig.
Pause.

Dritte Arie

Das folgende Sprechmaterial ist im Tempo unaufhörlich zu steigern, jedoch nicht in der Lautstärke. Je schneller das Gesprochene, desto resignativer der Ton.
Maudi.
Pause.
Ich verdiene deine Hand nicht. Jetzt erst begreife ich. Deine Hand habe ich nicht verdient. Wirklich nicht. Jetzt sehe ich alles ein. Das von dir zu verlangen. Deine Hand. Die kleinen Finger. Ich sehe es ein. Deine Hand nicht. Als der Mond an der Erde vorbeifiel.
Immer leiser und schneller werdend.
Wer hat das Leben mit dem Tod verbunden? Maudi? Deine Hand. Jetzt begreife ich erst. Nie deine Hand.
Niemals. Jetzt ist es zu spät. Aber ich sage es dennoch.
Nie deine Hand. Die kleinen Finger. Maudi.
Flüsternd und mit unerhörter Schnelligkeit.
Wer hat das Leben mit dem Tod verbunden? Deine Hand habe ich nicht verdient. Die kleinen Finger, Maudi. Das von dir zu verlangen. Deine Hand. Die kleinen Finger. Ich sehe es ein. Deine Hand nicht. Als der Mond an der Erde vorbeifiel.
Langes Schweigen.

Choral

Sehr leise.
Alles Unwort doch bist du.
Alles Unwort.
Du!
Ein - und - zwan - zig.

Epilog (Magnificat)

Elsbeth, Elias,
Schlafes Bruder: Eloh. Bethtied. Mauktied. El.
Tied Mara. Eloh Av.
Maukav. Beth. Maukavtied.
Mar.
Elav. Mauka. A.
Ohtied. Bethav. Bethava.
Elmaukoh. Bethel. Tied.
Bethoh. Bethmauktied. Maukavoh.
Bethbeth.
Maukel. Ohtied. Ohmaukav.
Bethbethmauk. Elmaukav.
Elbethel.
Bethmaukav.
Ohbeth.
Ohel. Ohelbethel. Ohbethel.
Ohbethtied. Maukohel.
Maukbethtied. Maukbethtied. Maukohel.
Bethelmauk.
Mar. Avtiedmar. Avtied. Maukavoh.
Bethmar. Avtiedav. Avtieda.